PERATOONS®

FATTI UNA RISATA

W0211016

tunué

tipitondi

CHI È PERA TOONS?

CIAO! SONO PERA TOONS!
(AL SECOLO ALESSANDRO PERUGINI)
L'AUTORE DEL LIBRO CHE HAI IN MANO
E DEI BEST SELLER RIDI CHE È MEGLIO,
SFIDA ALL'ULTIMA BATTUTA, GIOCHI E
RISATE, RIDI A CREEPYPELLE
E DIVERTIMENTI.

SONO UN FUMETTISTA
E UN CONTENT
CREATOR (NEL SENSO
CHE SONO CONTENTO
DI CREARE CONTENUTI).

LA MIA MISSIONE È QUELLA DI
STRAPPARTI UN SORRISO PER RENDERE
LA TUA VITA UN PIZZICO MIGLIORE!

COSA C'È NEL LIBRO?

FATTI UNA RISATA

È UN FUMETTO COMPOSTO DA UNA STORIA LUNGA INTERVALLATA DA TANTISSIME BATTUTE E FREDDURE!

PERA, KENNY ED ELY SI RITROVANO A PARTECIPARE A UN SEGRETISSIMO TORNEO DI BATTUTE: LA F.U.R.I.A.! CHI RIUSCIRÀ A VINCERE?

INCONTRERETE TANTI PERSONAGGI NUOVI DEL MONDO "PERA TOONS" COME L'UOMO SENZA VOLTO, IRONIA ARTIFICIALE E LA MITICA LAURA!

SONO SU-SCI.

... PERCHÉ SONO PERFETTI!
AH AH AH!

P
ATTENTO!
K

ARGH!
URGH! MA...
... QUALCUNO HA VOLUTO PRENDERCI ALLA LETTERA?!?
NON SAPREI, KENNY.
NON HO MAI VISTO BUSTE DI QUESTO TIPO, SONO DI PREGIO!
GIÀ! QUALCUNO SI È PRESO UN GRAN DISTURBO PER CONTATTARCI.
ASPETTA, NON APRIAMOLE.
VUOI DIRE CHE...

FORSE È LA VENDETTA DI...
DRRIN!
AAAAAHHHHH!!!
ELY! IO E KENNY SIAMO SOTTO ATTACCO! GUARDATI LE SPALLE, POTREBBE ARRIVARE...
... UNA BUSTA CON LA MIA INIZIALE?
ESATTO, MA COME FACEVI A SAP...?!?
VENITE AL DUBBIO GUSTO, CHE VI SPIEGO TUTTO!
???

DUBBIO GUSTO
E DAI, RAGAZZI, VI DICO CHE POTETE APRIRE LE BUSTE!
HO GIÀ APERTO LA MIA E NON È SUCCESSO NULLA!
OK, MA CHE CI HAI TROVATO DENTRO?
PERA, PER FAVORE, APRILA E SCOPRILO!
OK, OK...

MA...
È UN INVITO PER UNA GARA DI BATTUTE?!?
ESATTO! SI TIENE SU UN'ISOLA.
UN'ISOLA! SENTO GIÀ IL PROFUMO DI SCOGLI E BAGNASCIUGA!
BASTEREBBE FARSI PIÙ DOCCE, AMICO.
SONO PULITO COME LA MIA COSCIENZA, KENNY.
AH, BE', ALLORA. QUINDI, SIAMO TUTTI INVITATI, ELY?
PROPRIO COSÌ, LEGGETE...

WOW! SEMBRA UNA FIGATA PAZZESCA, ELY!
PUN ISLAND
HOTEL

"IL SIGNOR PERA È ATTESO SULL'ISOLA DEL FREDDURA FIGHT FEST TRA UNA SETTIMANA. L'ASPETTIAMO, CON FREDDO UMORISMO." PERÒ CHISSÀ QUANTO COSTA ANDARCI, SU QUEST'ISOLA.
POCO!
DICI?
SÌ! HO CHIESTO AL CAMERIERE DI DARMI UNA MANO PER CERCARE TRE BIGLIETTI PER NOI.
IL CAMERIERE? PERCHÉ A LUI?
PERCHÉ CONOSCE UN SACCO DI PERSONE NEL MONDO DELL'UMORISMO, KENNY. A CHI CREDI ABBIA CHIESTO DI FARCI INVITARE?
ASPETTA, ASPETTA, ASPETTA. MA QUINDI QUESTI INVITI SONO OPERA TUA!?!
ESATTO. HO PENSATO FOSSE UNA BELLA IDEA PER RILASSARSI DURANTE LE VACANZE, NO?
LO È DI SICURO! MA TI SARÀ COSTATO UN SACCO!
MA NO, PERA, TE L'HO DETTO. IL CAMERIERE MI HA AIUTATA. GLI STIAMO SIMPATICI, SA CHE SIAMO BRAVI CON LE BATTUTE E...
E CREDO CHE VOI TRE...

... ABBIATE BUONE PROBABILITÀ DI DIVERTIRVI E, FORSE, VINCERE. ALTRA ARANCIATA, SIGNOR PERA?
SÌ, GRAZIE. MA SOPRATTUTTO GRAZIE PER QUESTO INVITO!
E PER FARCI RISPARMIARE UN SACCO DI SOLDI!
MA È UN REGALO DI ELY, NON HAI SPESO NULLA!
APPUNTO!
LO SCUSI, SI STA SCALDANDO PER IL TORNEO. MA... COME ARRIVEREMO SULL'ISOLA?
UN BREVE VIAGGIO IN AEREO E POI UN VIAGGIO ANCORA PIÙ BREVE IN TRAGHETTO.
E, DATO CHE PARTECIPERÒ AL TORNEO, AVREI PIACERE DI FARVI DA ACCOMPAGNATORE. SE LA COSA PUÒ INTERESSARVI.
SAREBBE PERFETTO! UN AMICO IN PIÙ PUÒ SOLO ESSERCI D'AIUTO.
GIÀ...
INOLTRE PUÒ ESSERE UNA BUONA OCCASIONE PER MIGLIORARE IL MIO LIBRO!
HAI SCRITTO UN LIBRO?
ASD

LO STO SCRIVENDO. UN TACCUINO DELLE MIE MIGLIORI BATTUTE! MAGARI POTREBBE PURE DIVENTARE UN MANUALE.
OTTIMA IDEA, SIGNOR PERA.
ASD
VERO? MAGARI POTREBBE LEGGERLO PURE LEI!
SAREBBE UN PIACERE.
MA... SEI GELOSO DEL CAMERIERE?
CHI, IO? E PERCHÉ DOVREI? SOLO PERCHÉ È PAPPA E CICCIA CON ELY? FIGURATI!
COMUNQUE, DICEVO, QUI CI SONO ALCUNI DEI MIEI PEZZI FORTI E NOVITÀ. CHE NE DICI, ELY?
ASD

KENNY AL RISTORANTE

VA TUTTO A ROTOLI

UNA GRANDE VIGNA

FREDDURE DOLCI

IL BAMBINO È IN FORMA

BATTUTE BREVISSIME

SEGRETI TRA-PELATI

INDOVINELLO DA RIDERE

COSTUME PAUROSO

UN CANE AL CINEMA

QUANDO VUOI I SOLDI

VOTO DA PAURA

COPPIA INSEPARABILE

GARA...

FACCIAMO UNA GARA A CHI SUCCHIA PIÙ SANGUE?
OK, INIZIO IO.
UN'ORA DOPO
CAVOLO! SEI SPORCO DI SANGUE! DOVE SEI STATO?
AVETE VISTO LA VILLA VICINO AL BOSCO?
SÌ!
BENE, SONO ENTRATO LÌ E HO BEVUTO IL SANGUE DI TUTTI.
BRAVO! ORA VADO IO!
UN'ORA DOPO
WOW! SEI PARECCHIO SPORCO DI SANGUE. DOVE SEI STATO?

... TRA VAMPIRI

AVETE VISTO IL MONASTERO VICINO AL PAESE?
SÌ.
BENE, SONO ENTRATO LÌ E HO BEVUTO IL SANGUE DI TUTTI.
BRAVO! ORA VADO IO.
UN'ORA DOPO
MA... SEI SPORCHISSIMO DI SANGUE! DOVE SEI STATO?
AVETE VISTO IL CAMPANILE IN MEZZO ALLA NEBBIA?
SÌ!
BE'... IO NO!

ALLORA, CHE NE DITE?
NON MALE, AMICO. DI SICURO AGGIUNGERAI NUOVE BATTUTE GRAZIE AL TORNEO!
ASD
EHI, ELY, MA QUINDI QUANDO PARTIAMO PER L'ISOLA?
TRA UN PAIO DI GIORNI, PER CUI PREPARATEVI!
NUOTEREMO IN ACQUE BELLISSIME!
NON DIMENTICATE LA CREMA SOLARE, IL TEMPO SARÀ SPETTACOLARE!
50
30
30
20
PERÒ BAGAGLIO LEGGERO, PER NON AVERE PROBLEMI AI CONTROLLI.
AEROPORTO
CHECK IN

NON DIMENTICATE QUALCOSA DA LEGGERE DURANTE IL VIAGGIO.
ANZI, NON DIMENTICATE DI GODERVI IL VIAGGIO.
DICIAMO CHE CI HO PROVATO A GODERMELO, ELY!
ALLORA, SIGNORE E SIGNORI, CHE NE DITE?
IMPRESSIONANTE, AMICO!

E C'È UN SACCO DI GENTE! SPERIAMO DI FARE QUALCHE NUOVA AMICIZIA, TRA UNA SFIDA E L'ALTRA.
SONO CERTA CHE CAPITERÀ.
HOTEL
FREDDURA FIGHT FEST
LO PENSO ANCHE IO. MA PRIMA È MEGLIO ANDARE NEI NOSTRI ALLOGGI. È QUASI ORA.

ORA?
PER LA CENA DI INAUGURAZIONE, SIGNOR KENNY.
TRADIZIONE VUOLE CHE LA PRIMA SERA CI SIA UN BANCHETTO PER GLI SFIDANTI.
HOTEL
PER CUI VI CONSIGLIO DI RILASSARVI PER QUALCHE MOMENTO E CENARE.
CENARE?
CERTO, SIGNOR KENNY. PRIMA DEL TORNEO BISOGNA NUTRIRE IL CORPO, PER LASCIARE LA MENTE LIBERA DI CONCENTRARSI.
E QUESTA CENA DOBBIAMO PAGARLA O...

TUTTO COMPRESO NEL PREZZO DEL BIGLIETTO, OVVIAMENTE.
C'È UN SACCO DI ROBA! ANCHE COSE CHE NON HO MAI ASSAGGIATO!
MEGLIO DARCI LA CARICA PRIMA DEL TORNEO, ALLORA.
MI RACCOMANDO PERÒ, NON FACCIAMO FIGURACCE, AMICO.
MA CERTO.
GIUSTO UNA COSINA.
PER ASSAGGIARE.
FORSE ABBIAMO ESAGERATO, EH?
NON CREDO, I PIATTI NON LI ABBIAMO MANGIATI.
BE', DI SICURO RIUSCIRETE A FARVI UNA BELLA RONFATA...
HAI RAGIONE, ELY, IL VIAGGIO È STATO UNA FIGATA MA PURE IMPEGNATIVO.
UNA BELLA DORMITA È QUELLO CHE CI VUOLE. SE PERA NON RUSSA.
EHI, IO MICA RUSSO, PRENDO APPUNTI NEL SONNO!
VERO, IL GENIO DELLA RISATA NON RIPOSA MAI!

KENNY È IL SOLITO ESAGERATO, EH, ELY?
UN PO'. PERÒ NON HA TORTO. DIRE QUALCHE BATTUTA PRIMA DI DORMIRE MAGARI AIUTA.
MA SAI CHE C'È?
RONF RONF.
FORSE HA RAGIONE ELY.
ASD
MI LEGGO QUALCHE BATTUTA PER CARICARMI, TANTO MICA MI ADDORMENTO SUBITO!

ALL YOU CAN EAT

PUNTI DI VISTA

PARADOSSO

LA SOLITA NONNA

INDOVINELLO DA RIDERE

BATTUTE BREVISSIME
COSA STATE FACENDO?
I PORCI COMODI.
ABBIAMO LE LUCI AUTOMATICHE IN BAGNO?
NO.
ALLORA HO FATTO LA PIPÌ NEL FRIGO.
TI SENTI DOMINATO DALLA TUA FIDANZATA?
NO, NON SI SENTE DOMINATO.
CIAO! IO SONO DENTE ALIGHIERI.
TI LASCIO... LA NOSTRA RELAZIONE MI STA CONSUMANDO.
DOVE SI TROVA L'AUSTRALIA?
A PAGINA 33 DEL LIBRO.

C'È RIMASTO DI SASSO

CHI LO SA?

NOTTI INVERNALI
A COSA TI SERVONO QUEI MATTONI?
A DORMIRE COPERTO.
NON RIESCO A SCRIVERE CORRETTAMENTE LA PAROLA "MASCHIO" IN INGLESE... LA SCRIVO SEMPRE "MALE".

SCHERZETTO

QUAL È IL TOPO CHE CAMMINA SU DUE ZAMPE?
NON ESISTE.
SÌ... È TOPOLINO! AH AH! E QUAL È QUEL PAPERO CHE CAMMINA SU DUE ZAMPE?
STAVOLTA NON MI FREGHI! È PAPERINO!
NO... TUTTE LE PAPERE CAMMINANO SU DUE ZAMPE!
I DOTTORI E LE DOTTORESSE SCRIVONO "DOTT." O "DOTT.SSA"... IN QUESTO MODO RISPARMIANO ORE!

RELATIVITÀ DEL TEMPO

CAPODANNO

POVERO KENNY

BRUFOLO E NEO

MOGLIE PRECISINA

ZZZZZZ.
TONF!
OH DAI, KENNY, NON STAVO RUSSAND...
EH, MA CHE DICI...
MA COSA?!?
PERA!
EHI, MA CHI SIETE?!?
KENNY, STAI BENE?!?
SÌ, AMICO. DOVE CI STATE PORTANDO? PERCHÉ NESSUNO CI AIUTA?!?

EHI, MA CHE FATE!
NON SI LANCIANO COSÌ NEMMENO I SACCHI DELLA SPAZZATURA!
RAGAZZI, CI SIETE ANCHE VOI!
ELY, COME STAI? CHE TI HANNO FATTO QUESTI CRIMINALI? SE TI HANNO SFIORATO...
NO, MI SONO SVEGLIATA QUI. ANCHE SE NON SO ANCORA DOVE SIAMO...
OH, VE LO MOSTRIAMO SUBITO!
OH NO, DI NUOVO QUEL GHIGNO!
DOVEVO SAPERLO CHE AVRESTI TRAMATO NELL'OMBRA...
VROOOM

... ALFIE! SPERAVO DI NON RIVEDERTI MAI PIÙ!
IO INVECE NON VEDEVO L'ORA DI RITROVARTI, PERETTA! PERÒ SBAGLI...
VROOM
... NON HO TRAMATO NULLA, QUESTA VOLTA. HO SOLO APPROFITTATO DI UNA BUONA OCCASIONE.
DI CHE PARLI?
ORA VEDRAI, PERINA!
STOP!
VEDRETE TUTTI DOVE SIETE FINITI, CAMPIONCINI DELL'UMORISMO DA DISCOUNT!
SIGNORE E SIGNORI, BENVENUTI ANCHE QUEST'ANNO ALL'ATTESA EDIZIONE DEL...

TORNEO DELLA F.U.R.I.A.!
UN APPLAUSO PER GLI ULTIMI TRE CONTENDENTI AL TITOLO, APPENA ARRIVATI CON IL SIGNOR ALFIE CHE GIÀ CONOSCETE!
CLAP CLAP CLAP CLAP...
MA CHE CASPITA...
STUPITO, RAGAZZINO? SE PENSI DI AVER AFFRONTATO SFIDE IMPOSSIBILI, ORA DOVRAI RICREDERTI!
ASD
E NON PENSARE CHE QUESTO LIBERCOLO DI APPUNTI POSSA AIUTARTI, AH AH AH!
ASD

GOL DI TACO AL SETTE

AURORA, BOH, REALE?

SQUALO MARTELLO

GALLINA EGIZIANA

LAVORO SEDENTARIO

SIAMO ALLA FRUTTA

BATTUTE BREVISSIME

NON SI BATTE CHIODO

STRANI UCCELLI

METROPOLLITANA

QUESTIONE SPINOSA

ASSETATO...

CHE FORTUNA, UN NEGOZIO! VEDIAMO SE VENDONO DA BERE.
SHOP
AVETE DELL'ACQUA?
NO, VENDIAMO SOLO CRAVATTE.
A ME NON SERVONO CRAVATTE, IO HO SETE.
2 ORE DOPO...
WOW! UN ALTRO NEGOZIO!
SHOP
AVETE DELL'ACQUA?
NO, VENDIAMO SOLO CRAVATTE.
A ME NON SERVONO CRAVATTE, STO MORENDO DI SETE.

... NEL DESERTO.

2 ORE DOPO...
MENO MALE CHE C'È UN ALTRO NEGOZIO.
SHOP
AVETE DELL'ACQUA?
NO, VENDIAMO SOLO CRAVATTE.
A ME NON SERVONO CRAVATTE, STO MALE... HO SETE.
2 ORE DOPO...
EVVIVA! UN NEGOZIO CON SCRITTO "VENDO ACQUA"!
VENDO ACQUA
AVETE DELL'ACQUA?
SÌ, MA LEI NON PUÒ ENTRARE.
PERCHÉ?
QUI SI ENTRA SOLO CON LA CRAVATTA.

KENNY FA L'AUTOSTOP

BAND DI PUPAZZI

NON HO PIÙ PAURA DI TE, ALFIE! QUESTO È MIO, CHIARO?
ASD
O FORSE HAI BISOGNO DI COPIARE DAL CAMPIONE, EH?
UH...
CLAP CLAP CLAP
ASD
IL PUBBLICO SEMBRA PRENDERE IN SIMPATIA IL SIGNOR PERA!
CLAP!
CLAP!
CLAP!
CLAP!
CLAP!
E ANCHE I VENERATI MAESTRI DELL'UMORISMO, DETENTORI DEL POTERE DELLA F.U.R.I.A., APPREZZANO LA SUA ENTRATA IN SCENA COSÌ GRINTOSA.
QUESTA EDIZIONE DEL TORNEO PARTE CON LE MIGLIORI PREMESSE, SIGNORI. CHI VINCERÀ L'AMBITO PREMIO?
MA SI PUÒ SAPERE DI CHE PARLATE!?! DOVEVA ESSERE UN TORNEO TRANQUILLO, RILASSANTE, TRA AMIC...
AH! ZERO RELAX, TORSOLO, QUA TE LA VEDRAI SOLO CON I MIGLIORI BATTUTISTI DELLA F.U.R.I.A.!
E LE MIGLIORI BATTUTISTE!

MPF, PERSINO UNA SPIANTATA COME LEI È QUI...
ED ECCO A VOI LAURA, FIORE ALL'OCCHIELLO DELLA F.U.R.I.A. E COMPAGNA DI SQUADRA DI ALFIE!
F.U.R.I.A.? SQUADRE? QUALCUNO VUOLE DIRCI CHE STA SUCCEDENDO!?!
MA CERTO, SIGNOR KENNY. LASCI CHE LA INTRODUCA AL NOSTRO PUBBLICO, NON ASPETTA ALTRO CHE VEDERLA SFERRARE BATTUTE!
CIAO...?
CHE PRONTEZZA DI RIFLESSI, CHE INVENTIVA DI VOCABOLI, UN VERO PAROLIERE SPERICOLATO!
AH AH!
AH AH!
UNA VERA PUNTA DI DIAMANTE PER LA SQUADRA DEL SIGNOR PERA, CHE AFFRONTERÀ I QUATTRO DELLA SQUADRA DELLA F.U.R.I.A. NEL NOSTRO TORNEO!
QUATTRO? MA NOI SIAMO SOLO TRE, NON È GIUSTO!
ECCO, CI SAREI ANCHE IO...

CIAO, GENTE.
GURU!?!
MA CHE CI FAI QUI?
NE SO QUANTO TE, RAGAZZO MIO. NON SO NEMMENO CHE DEVO FARE!
È MOLTO SEMPLICE, CARO GURU. SCONFIGGERE A SUON DI BATTUTE IL SUO AVVERSARIO!
E CHI SAREBBE?
LO SCOPRIREMO SUBITO, GRAZIE ALL'ESTRAZIONE A SORTE DELLE COPPIE DI SFIDANTI! SI AVVICINI, GURU!
NESSUNA PAURA, PRENDA UNA SFERA, COSÌ, E CI DICA CHE LETTERA È INCISA SOPRA.
ECCO...
È UNA U! HO SCELTO BENE?
IL SUO AVVERSARIO, MEMBRO DELLA SQUADRA DELLA F.U.R.I.A., È...

L'UOMO SENZA VOLTO!
IL BATTUTISTA CHE NON GUARDA IN FACCIA NESSUNO: PER LUI NON ESISTONO TEMI SACRI O SENSIBILITÀ INTOCCABILI!
GRAZIE, SIETE UN PUBBLICO MERAVIGLIOSO!
MA QUINDI ORA SIAMO NELLE MANI DEL GURU?!?
QUASI. È UN TORNEO A ELIMINAZIONE DIRETTA. CHI PERDE È SUBITO ELIMINATO, E SI PASSA AL ROUND SUCCESSIVO.
LA F.U.R.I.A. SCEGLIE OGNI ANNO IL SUO ALFIERE DELL'UMORISMO, PERA! IO VOGLIO DIVENTARLO, QUASI QUANTO VINCERE IL PREMIO. ANZI, QUASI QUANTO BATTERTI.
TE L'HO DETTO, NON MI FAI PAURA!
IL MOMENTO È GIUNTO, SIGNORI! STA PER INIZIARE IL TORNEO CHE DECRETERÀ IL NUOVO PALADINO DELLA F.U.R.I.A., VIA ALLA BATTAGLIA!

GURU
UOMO SENZA VOLTO
MA UN UCCELLO SUDATO... HA L'ALONE?
TONF
GURU
UOMO SENZA VOLTO
IL MIO VICINO DI CASA TRADIVA LA MOGLIE CON L'INDOVINA. ERA LA SUA CHIRO-AMANTE!
SBAM
GURU
UOMO SENZA VOLTO
LA TUNICA DI ZEUS AVEVA LA CERNIERA... LAMPO!
!!!

GURU
UOMO SENZA VOLTO
L'UOMO INVISIBILE VIENE PAGATO IN VISIBILITÀ?
TUNF

GURU
UOMO SENZA VOLTO
I LAMPONI, I MIRTILLI E LE MORE COSTANO CARO PERCHÉ SONO FURTI DI BOSCO!
STONF

GURU
UOMO SENZA VOLTO
INCREDIBILE! L'UOMO SENZA VOLTO NON HA DATO RESPIRO AL GURU E LO HA SCONFITTO!

E CON L'ANTIPASTO SERVITO COSÌ VELOCEMENTE, PASSIAMO AL PRIMO PIATTO FORTE DEL NOSTRO TORNEO! SCOPRIAMO QUALI SARANNO LE PROSSIME COPPIE DI SFIDANTI, CON LA NUOVA PESCA DEI NUMERI!
EHI, E PERCHÉ DOVREMMO FIDARCI DI VOI?
PERCHÉ ALTRIMENTI...
L
A
K
I NOSTRI AMICI VI DARANNO UNA MANO A PESCARE!
DAI, AMICO, FACCIAMO COME DICONO LORO MENTRE CERCHIAMO DI CAPIRE COME USCIRNE...
A
K
I
E
P
L
A

UNA I?!?
UNA K! MA ALLORA...
... OH NO, IO HO TIRATO FUORI LA E DI ELY!
EHI, NON È GIUSTO! SE KENNY ED ELY SI SCONTRATO, LA NOSTRA SQUADRA PERDE SICURAMENTE UN SUO MEMBRO!
IL BELLO DEL CASO, SIGNOR PERA. RENDE GLI SCONTRI IMPREVEDIBILI E PIÙ DIVERTENTI. INOLTRE, SE TEME CI SIANO DELLE PREFERENZE, GUARDI CHE LETTERE HANNO PESCATO I VOSTRI AVVERSARI.
VISTO? LA F.U.R.I.A. NON GUARDA IN FACCIA A NESSUNO! TANTO MENO A UNA RAGAZZINA CHE HA LASCIATO LA SCUOLA!
NON CI SONO AMICI NÉ ALLEANZE NEL NOSTRO TEAM, PERA! SOPRATTUTTO CON UN BULLO CHE NON CAMBIA MAI.
E NON CI SONO SOLO ESSERI UMANI, UMANO PERA! PIACERE, IO SONO...

IRONIA ARTIFICIALE! FIORE ALL'OCCHIELLO DELLE RICERCHE INFORMATICHE DELLA F.U.R.I.A., IL PRIMO ANDROIDE IDEATO E OTTIMIZZATO PER FARE BATTUTE E FREDDURE. NON È INCREDIBILE, SIGNORE E SIGNORI DEL PUBBLICO?
CLAP! CLAP! CLAP!
MA COSA... IO DEVO AFFRONTARE UN ROBOT E LO CONSIDERATE UNO SCONTRO ALLA PARI!?
NON SI PREOCCUPI, UMANO PERA. LA PRIMA LEGGE DELL'UMORISMO ROBOTICO DICE CHE NON POSSO BARARE CONTRO UN ESSERE UMANO. ANCHE SE LEI FORSE È IN REALTÀ UN VEGETALE?
MA CHE VEGETALE, SON TUTTO DI CARNE E OSSA E FRATTAGLIE, AMICO!
NON C'È MOTIVO DI ALZARE I TONI, COMBATTENTI. NON ANCORA, ALMENO. PERCHÉ IL PROSSIMO SCONTRO NON È IL VOSTRO, MA...
... TRA LA SIGNORINA ELY E IL SIGNOR KENNY!
MI SPIACE, ELY!
NON IMPORTA, KENNY. NON È MICA COLPA TUA.
CLAP! CLAP! CLAP!

LO SO, ELY. PERÒ È UNA SITUAZIONE ASSURDA. COME NE USCIAMO?
SECONDO ME ABBIAMO SOLO UNA POSSIBILITÀ: VINCERE!
SEGUITEMI VERSO LO STAGE DEL NOSTRO INARRESTABILE TORNEO, LA PROSSIMA ELIMINATORIA CI ATTENDE!
NON MI SEMBRA UNA POSSIBILITÀ SEMPLICISSIMA...
E CHI HA DETTO CHE È SEMPLICE? DOVREMO DARE IL MEGLIO DI NOI, AMICI. E FORSE...
... POSSIAMO CALMARCI E TROVARE SPUNTI CON QUESTO...
ASD
... SENTO CHE ABBIAMO BISOGNO DI OGNI AIUTO POSSIBILE!

CHE FURBINO!

MONETA E BANCONOTA

FIABA SORRI-DENTE

MI DISSOCIO!

ORSETTI LAVA-TORI

ALLA LETTERA

BATTUTE BREVISSIME

KENNY È EDUCATO

È PROPRIO UNA VOLPE!

UCCELLI A SCUOLA

ALBERO GENEALOGICO

KENNY L'INDOVINO

CON I FIGLI CAMBIA TUTTO

BATTUTA PRIMORDIALE

TRIBUNALE

DISCRIMINAZIONE

BATTUTE BREVISSIME

SE GUARDI BENE...

DAL FERRAMENTA

È PROPRIO FRITTO

MONDO MALATO

I TUOI APPUNTI SONO UNO SPASSO, AMICO. PERÒ...
... PERÒ NON È COME FARE BATTUTE DAL VIVO. LO SO!
GIÀ, IO NON SO CHE ASPETTARMI.
POSSO DIRTELO IO CHE TI ASPETTA, KENNY. DI ESSERE BATTUTO DA ELY...
... NEL PROSSIMO SCONTRO SENZA ESCLUSIONE DI COLPI! MA TANTO TU SEI ABITUATO A ESSERE AMMAZZATO DI RISATE, NO? AH AH AH!
SFIDANTI, SALITE SUL PALCO! IL PUBBLICO NON VEDE L'ORA DI ASSISTERE AL VOSTRO INCONTRO, DICO BENE?
CLAP!
CLAP!
CLAP!
ARGH!

C'È UN SACCO DI GENTE. E DEVO BATTERE ELY. O FORSE POTREI FARLA VINC..!
NO!
NON CI PENSARE NEMMENO, KENNY. SE DOBBIAMO SFIDARCI, DIAMO IL MASSIMO. DA UN AMICO NON MI ASPETTO ALTRO. OK?
BE'...
... HAI RAGIONE, AMICA!
CHE VINCA LA MIGLIORE!
IN CHE SENSO LA MIGLIORE...
ECCO SUL PALCO I DUE NUOVI SFIDANTI! L'UOMO DALLE MILLE MORTI MISTERIOSE, KENNY! E LA RAGAZZA DALLA SORPRESA SEMPRE SICURA, ELY!

ELY
KENNY
BAMBINA STUFA SCAPPA DI CASA... I GENITORI MUOIONO DI FREDDO.
TONF!
ELY
KENNY
DUE MIEI AMICI AMERICANI SI SONO SEPARATI... PECCATO, ERANO "STATI UNITI".
ELY
KENNY
È FALLITA UNA FABBRICA DI CARTA IGIENICA... GLI AFFARI ANDAVANO A ROTOLI.
TUNF!

ELY
KENNY
BABBO NATALE HA AVUTO UN INCIDENTE CON LA SLITTA... IN OSPEDALE GLI HANNO FATTO UN TRAPIANTO DI RENNE.
TUNF!
ELY
KENNY
I BAMBINI CON IL RAFFREDDORE RIESCONO A VEDERE ANCHE AL BUIO... PERCHÉ HANNO LA CANDELA AL NASO!
SPINT!
ELY
KENNY
KENNY RIESCE A BATTERE ELY!
BRAVO!
ANCHE TU! BELLA SFIDA!

ELY, MI DISPIACE UN SACCO, NON VOLEVO BATTERTI!
MA CERTO CHE VOLEVI! CI SIAMO SCONTRATI PER QUESTO, NO?
INOLTRE HAI VINTO LEALMENTE, BRAVO!
BE', SÌ, HO AVUTO UN GUIZZO CHE QUASI NON CI CREDO NEMMENO IO!
TUTTO MERITO DEL TACCUINO DEL TUO MAESTRO!
SÌ, CON TUTTA QUEST'ANSIA PENSAVO PROPRIO A QUELLO!
FORZA, SI SCHERZA! L'IMPORTANTE È CHE SEI PASSATO AVANTI. SIAMO ANCORA IN BALLO, E ANCORA UNITI, NO?
UFF, CHE MODI. ABBIAMO CAPITO, COSO. CI MUOVIAMO.
E DIREI CHE ESSERE UNITI È LA COSA MIGLIORE, ORA.

GIÀ, NON SAPREI CHE FARE SE FOSSI SOLA.
NON TI PREOCCUPARE, NE USCIREMO INSIEME. ANCHE DAL PROSSIMO...
... SCONTRO?
FORSE È UNA PROVA DI DESTREZZA? SONO MORTO, SICURO.
MA NO, MATRICOLE! STIAMO SOLO AVVICINANDOCI AL PROSSIMO RING.
FINALMENTE È IL MIO TURNO DI MOSTRARVI DI COSA SONO CAPACE.
L'HO GIÀ SCOPERTO, BATTENDOTI!*
*NEL LIBRO SFIDA ALL'ULTIMA BATTUTA
È PASSATO UN BEL PO' DI TEMPO, TORSOLO. E INTANTO MI SONO ALLENATO.
CI SIAMO ALLENATI.

SOLO PERCHÉ LA F.U.R.I.A. HA ACCETTATO UNA CHE HA MOLLATO GLI STUDI, NON ALZARE TROPPO LA CRESTA, RAGAZZINA.
CHE C'È, ALFIE, TI BRUCIA ANCORA CHE TI ABBIA BATTUTO NELL'ULTIMO ALLENAMENTO?

SEI SOLO STATA FORTUNATA!
LA FORTUNA È DI AVERTI CONOSCIUTO DA POCO!
LA FORTUNA SAREBBE NON AVERTI MAI CONOSCIUTA!
FIGURATI SE SONO MAI STATA COSÌ FORTUNATA.

UDITE, UDITE LO SPIRITO GUERRIERO CHE RUGGISCE DENTRO AD ALFIE, SIGNORE E SIGNORI.
RIUSCIRÀ LA GIOVANE LAURA, IMPROVVISATRICE D'INSOLITA INVENTIVA, A TENERE TESTA AD ALFIE, IL BATTENTE BATTUTISTA BRUTALE? IN PALIO NON SOLO LA GLORIA...
... MA ANCHE UN DIAMANTE INESTIMABILE! LAURA MIRA AL RICCO PREMIO PER RISCATTARSI DA UNA VITA COMPLICATA, MENTRE ALFIE VUOLE DIMOSTRARE IL SUO VALORE. QUALE MOTIVAZIONE SARÀ LA PIÙ FORTE? LO SCOPRIREMO TRA POCO!

LAURA
ALFIE
QUAL È L'APE PIÙ DIFFICILE DA DIGERIRE? L'APE-PERONATA.
TONF!
NGH!
LAURA
ALFIE
MA BATMAN... CHI APPLAUDE?
SDENG!
CLAP! CLAP! CLAP!
LAURA
ALFIE
UN MARINAIO SPIEGÒ LE VELE AL VENTO, MA IL VENTO NON CAPÌ.
SWOOSH!

LAURA
ALFIE
BAMBINO SCOPPIA DI SALUTE. FERITI I GENITORI.
TONF!
LAURA
ALFIE
MAI CHIEDERE FAVORI A UN NETTURBINO... SI RIFIUTA.
TONF!
AHI!
LAURA
ALFIE
WOW! LAURA RIESCE A VINCERE SENZA DARE UN MINIMO DI RESPIRO AD ALFIE! È VERAMENTE UNA VITTORIA SCHIACCIANTE!

NO! NON È GIUSTO! ERA LA MIA OCCASIONE PER VENDICARMI DI PERA!
EHI, LO HAI DETTO ANCHE TU CHE QUI L'IMPORTANTE È VINCERE, NO? VINCERÒ CONTRO PERA...
AH! PENSI DI BATTERLO?
PERSINO UNO COME LUI POTREBBE BATTERTI, SE HA UN COLPO DI FORTUNA!
PERSINO?!? E CHE C'ENTRA LA FORTUNA, COSO? QUA È TUTTO STUDIO E ALLENAMENTO!
LASCIALO STARE, È SOLO UNO CHE NON SA PERDERE...
PERDERE? TE LO FACCIO VEDERE IO COSA SIGNIFICA PERDERE I DEN...
SIGNORI, VI RICORDO IL REGOLAMENTO!
NON È POSSIBILE SCONTRARSI FUORI DAL RING. E DOBBIAMO RAGGIUNGERE IL PUBBLICO CHE CI ATTENDE AL PROSSIMO MATCH!
OUCH.

ARRIVEREMO IN POCHI MINUTI, VI CONSIGLIO DI TIRARE IL FIATO.
QUESTO È IL PRIMO BUON CONSIGLIO CHE DAI, CAMERIERE.
CERCHI LA SOLUZIONE AI TUOI PROBLEMI, PERETTA?
NON SO SE QUI C'È LA SOLUZIONE, RAGAZZINA...
ASD
... MA HO BISOGNO DI CONCENTRARMI E SCHIARIRMI LE IDEE.
IL PROSSIMO SCONTRO È IL MIO, DEVO ARRIVARCI BELLO CARICO!
INCIDENTE DOMESTICO
118?! AIUTO, MI È CADUTA LA CREDENZA ADDOSSO.
SENTE QUALCOSA DI ROTTO?
SÌ... I PIATTI E I BICCHIERI!
SI È ESPRESSO MALE
GUARDA, QUEL CAFFÈ È MACCHIATO
MACCHIATO? MA PERCHÉ NON SI LAVAZZA?
PIPI-ST

INCIDENTE DOMESTICO

SI È ESPRESSO MALE

CANTO NATALIZIO

PIPI-STRILLO

IL TIRCHIO

DALLO PSICOLOGO

BATTUTE BREVISSIME

TRA MELI

FIORE CALCIATORE

POVERA GABBIANA

CAMMELLO CURIOSO

FRAINTENDIMENTO

LUI L'AMA

RALLENTARE

RALLENTARE 70 KM? OK, ALLORA RALLENTO.
RALLENTARE 70 KM
20 KM DOPO
RALLENTARE 50 KM? OK, ALLORA RALLENTO.
RALLENTARE 50 KM
20 KM DOPO
RALLENTARE 30 KM? OK, ALLORA RALLENTO.
RALLENTARE 30 KM
20 KM DOPO
RALLENTARE 10 KM? OK, ALLORA RALLENTO.
RALLENTARE 10 KM
UFFA... NON CAPISCO COME MAI SI DEBBA ANDARE SOLO A 10 KM!
RALLENTARE 10 KM
10 KM DOPO
OH, NO...
BENVENUTI A RALLENTARE

ADESSO PASTA!

UNO SI CHIAMA MI-CHELE

ALLIEVO CHE SUPERA...

... IL MAESTRO!

OK, BELLA IDEA.
UN'ORA DOPO...
ECCO IL CONTO.
ABBIAMO GIÀ PAGATO AL SUO COLLEGA CHE È ANDATO VIA.
MI SCUSI, NON LO SAPEVO.
MI SCUSI UN CAVOLO!
È UN'ORA CHE STIAMO ASPETTANDO IL RESTO!

SNAP!
EHI, BELLO, SIAMO ARRIVATI!
COSA...?
WOW! DEVO AMMETTERLO, LA SITUAZIONE NON MI PIACE...
... MA QUESTA ISOLA È DAVVERO FANTASTICA!
SOLO LE MIGLIORI LOCATION PER IL TORNEO DELL'UMORISMO PIÙ IMPORTANTE DEL MONDO! PRONTI PER LA PROSSIMA ELIMINATORIA DELLA F.U.R.I.A.?!?

L'ULTIMA GARA PRIMA DI PASSARE ALLE SEMIFINALI, SIGNORE E SIGNORI! UNO SCONTRO TRA DUE MENTI CHE PIÙ DIVERSE NON SI POTREBBE.
DA UNA PARTE IL SIGNOR PERA, IL PIROTECNICO PALLEGGIATORE DELLA PAROLA!
CLAP! CLAP! CLAP!
DALL'ALTRA IRONIA ARTIFICIALE, CREATO IN LABORATORIO DALLA F.U.R.I.A. CON UN SOLO SCOPO: TROVARE LA FREDDURA ALGORITMICA PERFETTA!
SARÀ UN PIACERE CANCELLARLA DALLA MEMORIA DEL PUBBLICO, SIGNOR PERA.
SPERO TI ABBIANO SALVATO IN PIÙ COPIE, ARTY. NON SARÒ IO A ESSERE CANCELLATO!
CHE LE BATTUTE INIZINO A VOLARE!

PERA
IRONIA ARTIFICIALE
VORREI FARE IL METEOROLOGO, MA CI VUOLE DEL TEMPO.
STUMP!
PERA
IRONIA ARTIFICIALE
MA SE QUANDO SEI AL TELEFONO CADE LA LINEA... LA LINEA SI FA MALE?
TONF!
PERA
IRONIA ARTIFICIALE
HULK È IL PIÙ POVERO DEI SUPER EROI... È SEMPRE AL VERDE.
CLAP! CLAP! CLAP!
SDENG!

PERA
IRONIA ARTIFICIALE
IL POSTINO HA AVUTO UN INCIDENTE... SI È FATTO UNA FRATTURA COM-POSTA!
AHI! NON HO SCAMPO!
TONF!
PERA
IRONIA ARTIFICIALE
STUNF!
COME DISSE IL PESCIVENDOLO CHE AVEVA FINITO TUTTO!
PERA
IRONIA ARTIFICIALE
SPETTACOLO, AMICHE E AMICI! PERA STENDE IRONIA ARTIFICIALE CON UN CONTRACCOLPO MICIDIALE!

UNO A ZERO PER L'UMANITÀ CONTRO L'INTELLIGENZA ARTIFICIALE!
GRANDE, PERA!
SEI UN COMICO SEMPRE PIÙ MATURO, EH EH EH!
BRAVO KENNY, HAI FATTO BENE A NON DIRLA SUL RING QUESTA!
CERTO CHE NO, NEI PROSSIMI SCONTRI DOVRÒ DARE IL MASSIMO. SPERO DI FARCELA.
SARÀ UNA LOTTA DURISSIMA. NON SAPPIAMO ANCORA CHI SONO I NOSTRI AVVERSARI, MA L'ASTICELLA È DI SICURO BELLA ALTA.
E VOI SALTERETE PIÙ IN ALTO, NO?
DICI?
MA CERTO, HO FIDUCIA IN VOI! HO VISTO COME REAGITE QUANDO SIETE CON LE SPALLE AL MURO!
CERCATE DI SCALARLO PER SCAPPARE!
EH EH EH!
MMMHHH.

EHI, SENZA VOLTO, SEI STATO PAZZESCO CONTRO IL GURU!
PFF! QUEL TIPO IN MUTANDE NON SAPEVA NEMMENO DOVE SI TROVAVA.
LA F.U.R.I.A. MI HA QUASI OFFESO, METTENDOMELO CONTRO.
MA LE ESTRAZIONI SONO STATE CASUALI...
SÌ, CERTO. PIUTTOSTO, INVECE DI FARMI COMPLIMENTI CHE NON MI SERVONO, SPERA DI NON INCONTRARMI IN SEMIFINALE PERCHÉ PERDERAI DI SICURO!
MA IO...
...
EHI, RAGAZZINA! DOBBIAMO MUOVERCI.
SÌ!
SONO PRONTA!
OTTIMO, SIGNORINA LAURA! ORA CHE CI SIAMO TUTTI...

... POSSIAMO MOSTRARE AL PUBBLICO CHE CI SEGUE IN DIRETTA QUALI SONO LE SEMIFINALI! NON SIETE CURIOSI? FACCIAMO PARTIRE IL SELEZIONATORE AUTOMATICO!
FINALE
QUALI COPPIE SI SCONTRERANNO? FORSE AVREMO PERA VS KENNY? UN'AMICIZIA MESSA DI FRONTE ALLA PROVA PIÙ GRANDE DI TUTTE?!?
?
?
FINALE
?
?
NO! IL FATO HA DECISO CHE PER QUESTA VOLTA NON VEDREMO DUE MIGLIORI AMICI COMBATTERE TRA LORO!
KENNY
UOMO SENZA VOLTO
FINALE
PERA
LAURA

MENO MALE, NON SO SE SAREI IN GRADO DI SFIDARTI!
IO SÌ.
MA SEI SERIO?
CERTO, KENNY! PREFERIREI ESSERE SCONFITTO DAL MIO MIGLIORE AMICO, PIUTTOSTO CHE DA UNO SCONOSCIUTO!
AWW, MA ALLORA SEI MORBIDO COME UN PURÈ DI FRUTTA!
E DAI CHE HAI CAPITO!
SIETE PROPRIO CARINI, INSIEME. MA QUESTA TENEREZZA SARÀ LA VOSTRA FINE!
EHI, L'AMICIZIA È SOLO FORZA IN PIÙ, MICA UNA DEBOLEZZA!
VEDREMO!
CI PUOI SCOMM...!
SKREEK!

ECCO L'IMPREVEDIBILE INAFFIDABILE: IL GEYSER CHE NON SAI MAI QUANDO PARTE, E NEMMENO QUANDO SI FERMA.
UN PO' COME TE CON LO STUDIO, PERA!
MA NON S'ERA DETTO CHE SIAMO SUPER-AMICI!?!
SONO SOLO SUPER-NERVOSO, PERA! L'UOMO SENZA VOLTO MI METTE PAURA...
NON POSSO DARTI TORTO, AMICO. QUEL TIPO È INQUIETANTE. MA HO UN'IDEA.
TI FACCIO DARE UNA LETTA AL MIO TATTICISSIMO TACCUINO!

MA... NON LO TROVO! KENNY, IL TACCUINO È SPARITO!
SICURO?
SICURO DI NON AVERLO LASCIATO SUL PULMINO CHE CI HA PORTATI QUI?
SICURISSIMO! LO SENTIVO NELLA TASCA! QUALCUNO DEVE AVERLO PRESO, MA NON SO CHI!
CAMERIERE, QUALCUNO HA RUBATO IL MIO TACCUINO!
ACCUSE GRAVI, SIGNOR PERA. MA ANCHE SE FOSSE, NON È CONTRO IL REGOLAMENTO. SOLO USARE UN TACCUINO DURANTE GLI SCONTRI SAREBBE CONTRO IL REGOLAMENTO. NESSUN AIUTO È PERMESSO.
MA IO LO LEGGO SOLO TRA GLI INCONTRI!
SIGNOR PERA, DOBBIAMO ANDARE AVANTI CON LO SPETTACOLO. E SE NON SI CALMA...
DOVRÒ CHIEDERE UNA MANO A LORO. CAPISCE?
GULP. CAPISCO.
PERFETTO! ALLORA POSSIAMO DARE INIZIO ALLA PRIMA SEMIFINALE! SIGNORE E SIGNORI, KENNY VS L'UOMO SENZA VOLTO! CHI SFOGGERÀ IL DIAMANTE E LA GLORIA?!?

UOMO SENZA VOLTO
KENNY
MA SE DICO "POMODORAI, PATATAI, CAROTAI..." STO FACENDO IL PASSATO DI VERDURE?
TONF!
UOMO SENZA VOLTO
KENNY
I 7 NANI SI SONO ISCRITTI A UNA GARA DI CICLISMO... HANNO SAPUTO CHE C'ERANO MOLTE TAPPE!
TONF!
UOMO SENZA VOLTO
KENNY
HANNO ARRESTATO UN CONCORSO... ERA STATO BANDITO!
OH, NO! DEVO USARE LA TESTA!
STONF!

UOMO SENZA VOLTO
KENNY
SAI COME SI CHIAMA LA SPAGNOLA CHE SOFFRE SPESSO DI DISSENTERIA?... DOLORES DE PANSA.
JUMP!
UOMO SENZA VOLTO
KENNY
LA MIA AMICA È 5 ANNI CHE SUONA AL CONSERVATORIO... NON LE HANNO ANCORA APERTO.
TONF!
UOMO SENZA VOLTO
KENNY
KENNY VINCE!
YEAH!

CI SEI RIUSCITO, GRANDISSIMO! ORMAI È FATTA, AMICO!
COME, È FATTA? CHE DICI!?!
MA NON CAPISCI? NON IMPORTA CHE IO VINCA O PERDA CONTRO LAURA: TU SEI DI SICURO IN FINALE. LA F.U.R.I.A. DOVRÀ STRINGERE I DENTI FINO ALLA FINE!
WOW! SIAMO IN FINALE! POSSIAMO FARCELA!
ESATTO! DOBBIAMO SOLO AFFRONTARE LAURA! DOVE SI TROVA, A PROPOSITO?
LÌ.
CHE TIPA TOSTA. SCOMMETTO CHE HA PRESO LEI IL MIO TACCUINO.
DICI?
SÌ, MI HA VISTO LEGGERLO E MI HA PRESO IN GIRO, PRIMA. AVRÀ VOLUTO FARMI UNO SCHERZO E METTERMI ALLA PROVA.
DOBBIAMO DIRLO AL CAMERIERE.

NO, C'HO PROVATO. E POI DUBITO CI SIA DA FIDARSI.
GIÀ, SE PENSO CHE VI HO PORTATI IO QUI PER DIVERTIRCI...
EHI, NON POTEVI MICA SAPERLO, ELY!
ESATTO, È STATA UNA TRAPPOLA IN CUI HANNO ATTIRATO ANCHE TE!
APPUNTO! MI SENTO PRESA IN GIRO!
NON TI DEVI PREOCCUPARE, GLIELA FAREMO VEDERE NOI A QUESTI BRUTTI CEFFI!
I BRUTTI CEFFI LA PREGANO DI SEGUIRLI, SIGNORE.
MA CERTO!
ALMENO QUESTA VOLTA È UNA SALITA TRANQUILLA.
GIÀ, PARE QUASI RILASSANTE!

OK, COME NON DETTO. PERÒ NON VEDO IL RING!
NIENTE RING, SIGNOR PERA. PER QUESTA SEMIFINALE I COMBATTENTI SI SFIDERANNO...
... SOPRA IL PONTE DELLA SUSPENCE!
PAT!
CHE C'È, RAGAZZINO, SOFFRI PER CASO DI VERTIGINI?

IO? MA CHE, SCHERZI?! PIÙ SONO IN ALTO, PIÙ SONO LONTANO DALLE MIE RESPONSABILITÀ!
PERFETTO, ALLORA NON TI DARÀ FASTIDIO SE RENDIAMO LO SCONTRO PIÙ INTERESSANTE!
ALLORA, CHE DICI?
NESSUN PROBLEMA, CARISSIMA. MI AIUTI A SMUOVERE L'ISPIRAZIONE!
GNEK!
GNEK!
GNEK!
PERFETTO, GLI SFIDANTI SONO IN POSIZIONE! CHE LA PRIMA SEMIFINALE ABBIA INIZIO!
CLAP! CLAP! CLAP!

PERA
LAURA
IN CARCERE LE SQUADRE DI CALCIO HANNO UN GIOCATORE IN MENO... MANCA IL LIBERO.
TONF!
CLAP! CLAP! CLAP!

PERA
LAURA
BAMBINO SI SBUCCIA UN GINOCCHIO... E SE LO MANGIA.
SWOOSH!

PERA
LAURA
QUAL È IL CONTRARIO DI MELODIA? SE LO TENGA.
TONF!

PERA
LAURA
COSA DICONO DUE PANNOCCHIE INNAMORATE? NON CI LASCEREMO MAIS.
SPINT!
PERA
LAURA
ELETTRICISTA IMPAZZITO DÀ ALLA LUCE UN FIGLIO.
TONF!
PERA
LAURA
VINCE LAURA!

MAMMA MIA, LAURA È UNA POTENZA DELLA NATURA!
CHE LEGNATA, RAGAZZI. HO DATO TUTTO, MA NON È BASTATO.
È OK, PERA!
HAI DETTO BENE, HAI DATO TUTTO, IL MEGLIO CHE POTEVI FARE.
A VOLTE È TUTTO QUELLO CHE POSSIAMO FARE. MA NON È ANCORA FINITA, NO?
AVETE RAGIONE, AMICI. LA SFIDA È ANCORA VIVA!
E SPERO DI RIMANERLO ANCHE IO!
MPF...
EH EH EH!

EHI, KENNY!
PREPARATI A VEDERE LA VERA F.U.R.I.A. IN FINALE! E NON AVRAI I TUOI AMICI A TENERTI PER MANO!
GULP.
NON TI FAR INTIMORIRE, AMICO.
PUOI FARCELA!
SIGNORI, PREGO. DOBBIAMO DECOLLARE!
DECOLLARE?!?
PER ARRIVARE NELL'ULTIMA LOCATION DEL TORNEO! CI METTEREMO POCHISSIMO, VENITE! ARRIVEREMO SUBITO...

... AL VECCHIO VULCANO VORACE! FIORE ALL'OCCHIELLO DELL'ISOLA, SPERIAMO NON DECIDA DI SCHIUDERSI CON UN'ERUZIONE PROPRIO DURANTE LA FINALE!
MA VOI SIETE COMPLETAMENTE FOLLI! CIOÈ...
... IO DOVREI FARE BATTUTE STANDO DENTRO A UN VULCANO ATTIVO?!?
ESATTAMENTE! IL NOSTRO PUBBLICO NON VEDE L'ORA ARRIVI QUESTO MOMENTO DI INTRATTENIMENTO SENZA UGUALI! E POI...
... IL VULCANO ERUTTA DAVVERO RARAMENTE, NON PREOCCUPATEVI!
AH, BE' ALLORA, SCUSATE L'AGITAZIONE. ERRORE MIO.

RAGA', DOBBIAMO SCAPPARE! IO QUA CI MUOIO, PER DAVVERO!
E COME FACCIAMO, SIAMO DENTRO UN VULCANO! RUBIAMO L'ELICOTTERO?!?
NON SAPPIAMO MICA PILOTARLO. DEVI CALMARTI, KENNY.
ORMAI È PIÙ FACILE FARLA FINITA CHE TENTARE UNA FUGA. AFFRONTA LAURA, E VADA COME VADA.
ELY NON HA TORTO, AMICO. SECONDO ME LO PENSA ANCHE LAURA, GUARDA COME È TRANQUILLA. QUASI TROPPO...
... MA STA LEGGENDO IL MIO TACCUINO!
ASD
LO SAPEVO CHE ERA STATA LEI! VADO A RIPRENDERMELO.
STAI CALMO, PERA. PENSIAMO A KENNY ORA.
MA NON È GIUSTO, QUEL TACCUINO È MIO.
LO SO, MA TRANQUILLIZZARE KENNY È PIÙ IMPORTANTE.
E POI LAURA SEMBRA AVERNE PIÙ BISOGNO DI NOI, ORA. BUON SEGNO, NO?
ASD

BAMBINO SVEGLIO

FREDDURA DI PESCE

KENNY IN LIBRERIA

PASTI NATALIZI

ARMAGEDDON

PRESIDENTE! UN ASTEROIDE STA PER COLPIRCI!
È SOLO UN SASSO, SO IO COME FERMARLO.
OH, NO! UN FOGLIO DI CARTA!
SE VEDI UNA BARCA DORMIRE NON SVEGLIARLA, PERCHÉ È PROBABILE CHE SI TROVI NELLA FASE REM.

LA PIANISTA

CACCA PICCHIATA!

BATTUTE BREVISSIME
SEI PERSEO?
TRENTASEO.
SONO IN RITARDO PER L'IMMONDIZIA?
NO, SALTA DENTRO.
QUANDO TI SPOSI?
LOTTO.
L'OTTO DI CHE MESE?
NO, LOTTO PER NON SPOSARMI.
TI METTI CON ME?
HO IL RAGAZZO.
NON IMPORTA... UNA COME TE NE MERITA DUE!
PER MOTIVI DI PRIVACY NON POSSIAMO CHIAMARE PER NOME... ENTRI LA SIGNORA CHE HA LE EMORROIDI.
SALA DI ATTESA
MIO FIGLIO MI HA GRAFFIATO L'IPHONE. SE VUOI TE LO REGALO... HA 5 ANNI, CAPELLI CASTANI E OCCHI MARRONI.

LA SFIGA NON ESIST...

ASTUZIA > VELOCITÀ

SI È RIBALTATA...

... LA SITUAZIONE.

REGALI NATALIZI

PUZZETTA CHE STUDIA

SENTI, SECONDO ME HA LETTO FIN TROPPE PAGINE. DEVO RIPRENDERLO!
SEI PROPRIO UNO ZUCCONE, A VOLTE...
ASD
LAURA HA PRESO IL MIO TACCUINO DELLE BATTUTE!
L'IMPORTANTE È CHE NON LO USI DURANTE UN MATCH, SIGNOR PERA.
MA LO HA RUBATO! NON POTETE AIUTARMI A RIPRENDERLO?
SIAMO ARBITRO E GIURATI DELLA COMPETIZIONE, NON DI QUELLO CHE SUCCEDE FUORI DAL RING, SIGNORE.
LEI È ESASPERANTE!
FORSE. MA IL TEMPO GALOPPA ED È ORA DI PROCEDERE CON LA FINALE.

ALLORA ME LO RIPRENDO DA SOLO!
UNF! OK, OK, HO CAPITO L'ANTIFONA...
BRAVO, SIGNORE.
STAI TRANQUILLO, AMICO. ORA LA BATTO E TE LO RIPORTO!
WOW, NON L'HO MAI VISTO COSÌ TRANQUILLO E SICURO.
NEMMENO IO. CHE SIA UN BUON SEGNO?
ED ECCOCI FINALMENTE ALLA FINALE CHE TUTTI ATTENDEVANO! KENNY DALLE MILLE VITE, CONTRO LAURA CHE VUOLE RIFARSI UNA VITA! CHI CONQUISTERÀ IL DIAMANTE IN PALIO? CHI PIANGERÀ? CHIUNQUE VINCA, NOI RIDEREMO!

KENNY
LAURA
COME SI RICONOSCE UN MOTOCICLISTA FELICE? DAI MOSCERINI CHE HA SUI DENTI!
STUMP!
KENNY
LAURA
PERCHÉ SI CHIAMA SALA PARTO SE HA SOLO NUOVI ARRIVI?
TUNF!
KENNY
LAURA
SAI DOVE ABITA LO STRAPPO ALLA REGOLA? IN VIA DEL TUTTO ECCEZIONALE!
WOSH!

KENNY
LAURA
CHE FA UN PANETTIERE INCAVOLATO ALL'INFERNO? UN PANDEMONIO...
TONF!
KENNY
LAURA
UNA MELA AL GIORNO LEVA IL MEDICO DI TORNO. UNA CIPOLLA AL GIORNO LEVA TUTTI DI TORNO.
TUNF!
KENNY
LAURA
GLI ABITANTI DI COMO NON RIESCONO A DORMIRE PERCHÉ LÌ VICINO C'È CHIASSO.
TUNF!

KENNY
LAURA
DIRSI "CIAO" FA BENE: È SALUTARE.
FRUTTIVENDOLO IMPAZZISCE... LO SEDANO!
STUNF!
KENNY
LAURA
MA COME SI CHIAMAVA CAPITAN UNCINO PRIMA DI PERDERE LA MANO?
KENNY
LAURA
UN MIO AMICO STRANIERO HA DATO UN MORSO AL DIZIONARIO... ORA MASTICA UN PO' D'ITALIANO.

KENNY
LAURA
HO FATTO UNA SORPRESA AL MIO AMICO MURATORE... È RIMASTO DI STUCCO!
TONF!
KENNY
LAURA
AIUTO! STO CADENDO NELLA LAVA!
KENNY
LAURA
TI AIUTO IO!
GRAZIE!

LAURA È SQUALIFICATA! NESSUNO PUÒ AIUTARE NESSUNO DURANTE GLI INCONTRI DEL TORNEO! UNA COSA DEL GENERE NON SI ERA MAI VISTA!
LE REGOLE SONO CHIARE, VENERATI MAESTRI! NON POSSIAMO FARE ALTRIMENTI. LAURA È SQUALIFICATA...
... DICHIARO KENNY IL VINCITORE DI QUESTA EDIZIONE DEL TORNEO DELLA F.U.R.I.A.!
HO VINTO?!?
ESATTO, AMICO! NON HAI MOLLATO NONOSTANTE TUTTO!
È TEMPO DI FESTEGGIARE!
HO VINTO!
FINALMENTE POSSIAMO RILASSARCI SUL SERIO!

HO VINTO!
PRIMA PERÒ DOBBIAMO USCIRE DA QUESTO VULCANO!
IMMAGINO POTREMMO USARE L'ELICOTTERO...
VE LO DICEVO CHE UNA RAGAZZA NON CE L'AVREBBE MAI FATTA!
MA BASTA, SEI PROPRIO VECCHIO DENTRO. LA RAGAZZA CI SA FARE, È SOLO TROPPO CORRETTA E LEALE!
LEALE? CON CHI? DOVEVAMO PUNTARE SU SENZA VOLTO, ALTRO CHE STORIE.
CHE FIGURACCIA PER LA F.U.R.I.A....
CI RIFAREMO, AMICO. OH, SE CI RIFAREMO...
OK, NIENTE ELICOTTERO. INIZIA A FARE CALDINO O SONO SOLO AGITATO?
EHI...

... CERCAVO PROPRIO VOI.
DEVO RESTITUIRTI QUESTO. E CHIEDERTI SCUSA. E...
E...?
ASD
VOGLIO RINGRAZIARVI PER AVERMI APERTO GLI OCCHI. VEDERE QUANTO SIETE RIMASTI UNITI IN QUESTO TORNEO, ANCHE QUANDO VI SIETE SCONTRATI, È STATO BELLO.
BE' SAI, CI CONOSCIAMO DA ANNI. PER NOI PRENDERCI A FREDDURE È UN PO' UNA GIORNATA COME UN'ALTRA!
A PARTE IL VULCANO, ECCO.
ASD
LO CAPISCO. MA LA F.U.R.I.A. CI HA SEMPRE DETTO DI CONTARE SOLO SU NOI STESSI, E DI ANNIENTARE TUTTI GLI ALTRI.
INVECE SENTO CHE TRA DI VOI C'È RISPETTO E DIVERTIMENTO. SIETE COMPLICI IN MODO ALLEGRO.
BE', TI RINGRAZIO, LAURA...

SOPRATTUTTO GRAZIE PER AVERMI RIDATO QUESTO! PER ME È MOLTO IMPORTANTE, APPREZZO DAVVERO IL TUO GESTO. NON IMPORTA SE ME LO HAI RUBATO. DATA LA SITUAZIONE ASSURDA, CAPISCO.
PERÒ NON L'HO RUBATO IO, SAI?
ASD
COME NO?
ME LO HA DATO IL CAMERIERE. VOLEVA TOGLIERTI UN PO' DI SICUREZZA, HA DETTO.
VOLEVA DISTRUGGERLO ALLA FINE DEL TORNEO.
DISTRUGGERLO?!? DOV'È?!? ORA GLIENE DICO QUATTRO!
ECCOLO LÀ, CONTINUA A PARLARE COL DRONE VOLANTE, COME SE NON FOSSE SUCCESSO NULLA!
COME SE NON VOLESSE DISTRUGGERE QUESTO MIO TESORO?!?
ASD

TASSISTA NOVELLO

LAVORATORI SFRUTTATI

DIVISI DA UN MURO

SCHELETRI...

ANDIAMO A FARE UN GIRO IN MOTO?
OK, VADO A PRENDERE IL GIUBBOTTO.
MA COSA LO VAI A PRENDERE A FARE!
SEI UNO SCHELETRO! NON PUOI SENTIRE FREDDO.
AH... PERÒ ASPETTAMI CHE VADO A PRENDERE IL CASCO.
MA COSA TE NE FAI DEL CASCO! SEI GIÀ MORTO!

... MORTOCICLISTI

È MAI ESISTITA?

GESTO EROICO

BATTUTE BREVISSIME

CHE CARINO!

DOLCI SPOSI

UN RICCO ORGANIZZA...

... UNA FESTA

COSA VUOI PER PRIMO? I 10 MILIONI?
NO, NON VOGLIO I TUOI SOLDI.
ALLORA VUOI LA FERRARI?
NO, NON VOGLIO LA TUA MACCHINA.
ALLORA VUOI LO YACHT?
NO, NON VOGLIO LA TUA BARCA.
MA ALLORA COSA VUOI?
VOGLIO QUEL TESTA DI CAVOLO CHE MI HA SPINTO IN PISCINA!

ORA DI MATEMATICA

TRA CASTORI

BATTUTE BREVISSIME

EHI, CAMERIERE, TI HO SCOPERTO!
LAURA HA CONFESSATO TUTTO, NON FINGERE DI NON SAPERE PERCHÉ SONO FURENTE!
BZZZ...
CLICK!
BE', PER UNA VOLTA SEI RIMASTO SENZA PAROLE PERCHÉ SAI DI AVERE TORTO, EH?
EHI, MA COSA...

MA DOVE SCAPPI?! FATTI ACCHIAPPARE TRADITORE CHE NON SEI ALTRO!
ALMENO CI HA LASCIATO IL PREMIO! E COMUNQUE, GLIELO RICONOSCO, HA SEMPRE IL SUO STILE!
MA CHI SE NE FREGA DELLO STILE, KENNY. SIAMO DENTRO UN VULCANO E NON C'È NESSUNO A CUI CHIEDERE AIUTO!
ASPETTATE...
SEGUITEMI, CONOSCO UN'USCITA D'EMERGENZA
SUL SERIO?
SÌ, I VENERATI MAESTRI CI AVEVANO SPIEGATO COME SCAPPARE IN CASO DI ERUZIONE.
MA QUINDI POTEVO LASCIARCI LE PENNE?

SÌ E ANCHE SENZA ERUZIONE, SE TU FOSSI STATO IN VANTAGGIO, PROBABILMENTE I MAESTRI TI AVREBBERO FATTO CADERE NELLA LAVA.
DAVVERO?!?
LI CONOSCO BENE, HANNO FATTO DI PEGGIO. PERÒ BUTTARTI NELLA LAVA DOPO LA MIA RINUNCIA...
SAREBBE SEMBRATO TROPPO STRANO PER ESSERE UN CASO. BELLA PENSATA, LAURA.
WOW, SIAMO IN SALVO!
SÌ, SIAMO USCITI DAL VULCANO PERÒ...

... COME TORNIAMO A CASA?
LA DOMANDA GIUSTA È UN'ALTRA, KENNY.
COME TORNIAMO ALL'ALBERGO.
ESATTO! UNA VOLTA LÌ POSSIAMO ORGANIZZARCI PER IL RITORNO.
SÌ, IL VILLAGGIO VACANZE NON SA NULLA DEL TORNEO CLANDESTINO. CI AIUTERANNO SENZA PROBLEMI!
PERFETTO, DOBBIAMO SOLO TROVARE LA STRADA ATTRAVERSO L'ISOLA.
POSSO FARVI IO DA GUIDA, CI HANNO MOSTRATO UNA MAPPA...
... IN CASO CI FOSSERO STATI PROBLEMI DURANTE GLI SCONTRI.
ESATTO. ORA INVECE POSSO USARLA PER AIUTARVI. SE VOLETE.
SE VOGLIAMO?

MA CERTO CHE VOGLIAMO, LAURA! ORMAI SEI PARTE DEL TEAM PERA, NO?
PER FORZA! E QUESTO CE LO DIVIDIAMO, TU E IO!
SUL SERIO?
MA CERTO, SENZA DI TE SAREI ANDATO IN FUMO!
EH, GIÀ! SARESTI FINITO ARROSTO... NON SO SE MI SPIEDO!
EHI, NON GIRIAMO IL COLTELLO NELLA PIAGA, ELY!
NON SERVE, SAPPIAMO CHE BRUCERÀ PER UN PO' KENNY. PERÒ PENSA AL LATO POSITIVO.
ANCHE QUESTA VOLTA NON SEI MORTO!
AH AH AH AH AH.
F.U.R.I.A.: FATTI UNA RISATA IN AMICIZIA
FINE

ECCO TUTTI I MIEI LIBRI!

COLLEZIONALI!
AMICHE E AMICI!
QUESTI CHE VEDETE
SONO I MIEI LIBRI!
VI CONSIGLIO DI
PRENDERLI TUTTI E DI
TENERLI BENE PERCHÉ
TRA QUALCHE ANNO
POTREBBERO VALERE
MILIONI DI DOLLARI!

MATEMATICA